Investition und langfristiger Vermögensaufbau

Wie Sie Ihr Geld sicher investieren und Schritt für Schritt vermehren

inkl. den 4 besten Anlagemöglichkeiten auf einen Blick

Dieter Borsig

🪙 INHALT

Das erwartet Sie

Es ist immer dasselbe: Das Leben wird immer teurer und das Einkommen bleibt dabei konstant. Das weckt in so ziemlich jedem den Wunsch, nicht nur im Leben mit einer Bilanz von 0 € herauszukommen, sondern vielmehr Vermögen aufzubauen, Polster zu schaffen für größere finanzielle Aufwendungen und einfach mehr Sicherheit zu genießen.

Hinzu kommt, dass es sich in der heutigen Zeit wohl kaum jemand leisten kann, sich nicht die Frage zu stellen, was nach dem Job einmal wird oder wie man am besten vorbereitet ist, falls doch einmal eine

Investition fällig wird, sei es eine kaputte Waschma-schine, ein Hausbau oder eine notwendige Renovie-rung.

Gerade auch die Frage nach der Zeit, in der man in den Ruhestand geht, beschäftigt die Menschen. Doch sie lässt sich genau wie auch die anderen Fra-gen beantworten, bei denen es um den Aufbau von Vermögen geht, denn das Ziel ist bei allen gleich, die Rücklagen bilden wollen: Man will vorbereitet sein, wenn eine Zeit kommt, in der man seinen Job nicht mehr ausführt, wenn die Waschmaschine kaputt geht oder wenn man mit der Familie ein Haus bauen will. Und damit zusammenhängend will man einfach keine Angst mehr vor diesem Schritt haben, wie er auch aussehen mag, denn wenn man vorbereitet ist, dann erscheinen diese Probleme nicht mehr als Probleme, sondern einfach als „der nächste Schritt", auf den man sich freuen kann.

Erst einmal klingt das für viele nach einem klas-sischen Fall von „Einfacher gesagt, als getan", denn die Möglichkeiten, sein Geld zu mehren oder zu spa-ren, sind vielfältig und für die meisten sind viele der Angebote undurchsichtig und dann ist da auch noch das generell schlechte Bild, das man von Banken, dem Finanzmarkt und den dort angebotenen Produkten hat.

Man stellt sich also die Frage, wie man da durchsteigt und noch dieses finanzielle Polster aufbauen soll.

Und dann schaut man auf den Finanzmarkt, informiert sich und steht vor einer Flut von Anlagemöglichkeiten, einer Menge verschiedener Zinssätze, die man bekommt oder zahlen muss, vor Produkten, bei denen man nicht weiß, woher die Renditen kommen, was da im Einzelnen passiert und wie man sich absichern kann – von der Frage, welches Produkt für einen selbst geeignet ist, ganz zu schweigen.

Fragen über Fragen. Das ruft nicht gerade die Motivation hervor, sich selbstbewusst ans Anlegen zu wagen.

Wenn Sie sich ebenso erschlagen fühlen von der Aufgabe, sich am Finanzmarkt einen Überblick zu verschaffen, sodass Sie wissen, was für Sie das Richtige sein könnte, wenn Sie auch im Gespräch mit Ihrem Bankberater wissen wollen, was Ihnen da genau angeboten wird und welche Möglichkeiten existieren, um langfristig Vermögen aufzubauen, dann sind

Sie hier genau richtig.

Nach der Lektüre dieses Beitrages werden Sie besser verstehen und überblicken, was der Finanzmarkt für Sie bereithält. Sie werden wissen, welche Art von Finanzprodukt bzw. welche Richtung des Investments für Sie infrage kommen könnte und wo sich eine Anlage in diesen Zeiten lohnt.

Sie werden absehen können, welche Faktoren außerhalb des Marktes, wie zum Beispiel Katastrophen, sich auf den Finanzsektor auswirken, und Sie können sich so ein besseres Bild von dem Konstrukt des Finanzmarktes machen, sodass Sie nicht erschlagen vor der Aufgabe stehen, für die Zukunft vorzusorgen, sondern sich selbstbewusst an diese Aufgabe heranwagen und sich auf den nächsten Lebensabschnitt freuen können, statt zu fürchten, wie Sie das finanziell stemmen sollen, denn: Sie sind vorbereitet. Und Sie werden sehen:

Anlagen und langfristiger Vermögensaufbau, das ist kein Hexenwerk.

Anlagen – Was ist das?

Im Fernsehen und in der Presse erfährt man von Crashs, von Brokern, die die Börse zum „Zocken" nutzen, und vom generell skrupellosen Metier des Finanzmarktes, bei dem am Ende nur der Anleger verliert. Das klingt alles mehr nach Casino als nach Altersvorsorge und Vermögensaufbau.

Dann doch lieber Sparschwein statt Investment?

Das geht natürlich immer, muss aber nicht sein, denn der Finanzmarkt besteht nicht nur aus Hedgefonds, Immobilienblasen und Totalverlusten, sondern hat auch etwas für den Anleger parat, der sich einfach für die Zukunft absichern möchte.

Und genau dafür sind Anlagen gedacht. Selbstverständlich kann man das Geld auch auf das althergebrachte Sparbuch legen, doch bringt das in Zeiten der niedrigen Zinsen kaum Rendite, soll heißen: Abgesehen von dem Betrag, den man selbst einzahlt, gibt es keine Gewinne – beim Sparschwein gar noch weniger, denn dieser „Hausbank" sind Zinszahlungen und Renditen völlig fremd.

Aber first things first: Als „Anlage" wird ein verfügbarer Geldbetrag bezeichnet. Diese Gelder kann man auch Finanzmittel nennen. Und mit diesen freien Geldern kann man dann Investitionen tätigen.

Mit diesen Investitionen bezweckt man, Renditen, die über die eben beschriebenen, doch eher mageren Zinsleistungen im Rahmen des Sparbuchs hinausgehen, zu erzielen.

So will man sich das oben angesprochene finanzielle „Polster" schaffen und langfristig Vermögen aufbauen. Mehr steckt gar nicht dahinter. Es ist also alles nicht so schlimm, wie man immer fürchtet.

Es gibt gemeinhin drei Ziele, die man mit der Anlage verfolgt. Man nennt das auch „das Dreieck der Geldanlage".

Wie bereits oben schon erwähnt, gehört die Erzielung von Renditen zu einem festen Bestandteil dieses Dreiecks, denn warum sollte man Geld anlegen, wenn man dafür nichts im Gegenzug erhält? Außerdem würde die Anlage dann im Hinblick auf den langfristigen Vermögensaufbau nicht viel nützen, denn man kann schließlich nur dann finanziell Substanz aufbauen, wenn man auch ein Plus erwirtschaftet.

Bei der Rendite gilt es weiterhin, auf zwei Aspekte zu achten, und zwar auf die Kosten der Anlage sowie auf die Steuern, die man zu zahlen hat.

Konzentriert man sich auf den Handel mit Wertpapieren, so benötigt man ein sogenanntes „Depot". Das kann man sich in etwa wie ein besonderes Konto bei der Bank vorstellen, auf dem Ihre Wertpapiere verwahrt werden.

So ein Konto bei Ihrer Bank ist leider nicht gebührenfrei. Und diese Gebühr bedeutet einen Kostenfaktor, den Sie einkalkulieren müssen, da dieser selbstverständlich am Ende von Ihrer Rendite abgezogen wird. Wie hoch diese Gebühr ist, ist von Bank zu Bank unterschiedlich. Und auch beim normalen Handel an der Börse fallen Kosten an, die man

Transaktionskosten nennt.

Hat man in einen Fonds investiert, der – wie wir später sehen werden – in andere Produkte investiert, so fallen hier Kosten für den Fondsmanager und dessen Team an, die schließlich nicht umsonst die passenden gewinnbringenden Produkte heraussuchen und in sie investieren.

Handeln Sie zum Beispiel über einen Broker, so fallen diese Kosten dann für dessen Tätigwerdens an, denn umsonst ist nichts im Leben, das ist auch hier so.

All dies wirkt sich natürlich im oben genannten Sinne auf Ihre Rendite aus, weshalb man diese und andere Kosten stets im Blick behalten sollte, denn sie fallen immer an, egal auf welchen Punkt in dem Dreieck man setzt (Zu den anderen beiden Eckpunkten kommen wir gleich).

Bei Steuern ist dies anders. Zwar werden auch diese von Ihrem Gewinn abgezogen, jedoch können sie sich auf die sogenannte „Liquidität" des Produktes auswirken.

Bei den Immobilien zum Beispiel machen es die Steuern unattraktiv, das Objekt innerhalb von zehn Jahren weiterzuverkaufen. Warum das so ist, sehen wir weiter unten. Kann man die Immobilie also erst zu einem späten Zeitpunkt weiterverkaufen, ist man von Anfang an gezwungen, auf lange Sicht zu planen. Das bedeutet wiederum, dass man langfristig Kapital zur Verfügung haben muss. Eine Immobilie ist somit eine eher starre Anlagemöglichkeit und damit „illiquide". Dazu aber gleich mehr.

Des Weiteren gibt es Steuern auf Produkte, die man sofort zu zahlen hat, was bedeutet, dass weniger Kapital vorhanden ist, was zum Beispiel auch weniger Zinsgewinne abwerfen kann.

Muss man die Steuern jedoch erst später zahlen, hat man das Geld eine längere Zeit zur Verfügung und kann länger von den Zinsgewinnen profitieren.

Welche Steuern im Einzelfall anfallen, ist jedoch ein anderes Thema, das hier nicht dazu beitragen kann, Ihnen einen einfachen Überblick zu geben. Hierum kann man sich kümmern, wenn man eine Richtung bzw. ein Projekt für sich ausgemacht hat und nun abwägen muss, in welches genau man nunmehr anlegt.

Man sollte nach dem oben Gesagten also stets die Steuern und Kosten des jeweiligen Anlageproduktes im Blick behalten, denn beide Faktoren wirken sich auf Ihre Rendite aus.

Es wäre ja schön, wenn man das Geld anlegt und dann etwas später einen sicheren Gewinn herausbekommt. So ein Anlageprodukt wünschen sich selbst die erfahrensten Broker und Banker, denn: So eine Anlage gibt es schlicht nicht.

Wenn man einen Gewinn will, dann muss man auch etwas dafür tun. Da ist es am Finanzmarkt wie überall im Leben: Umsonst ist nichts.

Will man einen hohen Gewinn, muss man auch ein hohes Risiko eingehen, und hat man ein erhöhtes Risiko, kommt man zu der Anschlussfrage nach der Sicherheit. Gibt es Möglichkeiten, sich abzusichern? Muss ich das selbst machen? Macht das das jeweilige Anlageprodukt für mich oder die Bank bzw. mein Broker?

Das werden wir weiter unten in diesem Beitrag dezidiert erörtern.

Mit dieser allgemeinen Frage nach der Absicherung sind wir jedoch schon bei dem zweiten Eckpfeiler: der Sicherheit. Je mehr Sicherheit, desto weniger Rendite. Das ist leider so. Und Sie können sich das sogar bildlich mithilfe des Dreiecks vorstellen, denn je weiter Sie auf der Verbindungslinie auf den Punkt

Rendite zugehen, desto weiter entfernen Sie sich von dem Punkt Sicherheit und umgekehrt.

Und nun der Dritte Punkt: Liquidität. Machen wir noch einmal einen Schritt zurück und gucken auf die eigenen Bedürfnisse.

Hat man jetzt Geld zur Verfügung und kann es anlegen, weiß man aber bzw. kann man aber schon absehen, dass man dieses Geld eventuell in einigen Jahren wieder braucht, dann will man nicht auf zehn oder zwanzig Jahre diese Mittel anlegen, ohne die Chance, vielleicht auch früher wieder an sie heranzukommen.

Man will also „liquide" Anlagen schaffen, bei denen es hauptsächlich auf die Flexibilität ankommt.

Wenn man sich das so anhört, kommen einem Aktien in den Sinn, die ja vom Handel an der Börse leben. Das kann sich aber auch zu einem Fallstrick entwickeln, denn: Mit Aktien kann man zwar durch den schnellen Handel im richtigen Zeitpunkt hohe Gewinne erzielen, man fährt jedoch gleichzeitig ein erhöhtes Risiko aufgrund der starken Abhängigkeit dieser Wertpapiere vom Kurs. Fällt der Kurs, so fällt auch der Wert der Aktie.

Hat man jetzt das Geld, das man anlegt, nur auf

kurze Sicht für die Anlage zur Verfügung, da man damit nur einige Jahre handeln kann, so gestaltet sich dieses Kursrisiko für einen natürlich umso höher, denn man kann Krisen nicht einfach „aussitzen" und auf bessere Zeiten warten, sondern ist gezwungen, schnell einen Ausweg zu finden, will man nicht sein Geld verlieren.

Das heißt im Klartext: Aktien sind sehr flexibel und liquide, allerdings unter anderem mit einem hohen Risiko behaftet, das vor allem die Anleger trifft, die nur kurze Zeit finanzielle Mittel zur Verfügung haben.

Anders gelagert ist das Ganze zum Beispiel bei Immobilien. Diese kann man – wie wir auch noch sehen werden – nicht sofort wiederverkaufen. Allein schon, weil man von Gesetzes wegen einige Formalien, wie die Beurkundung des Kaufvertrags durch einen Notar oder eine Auflassung (das ist die Übertragung des Eigentums auf den Käufer), vornehmen muss. Es gibt aber auch noch andere Hemmnisse, die einen schnellen Handel mit Immobilien unattraktiv werden lassen, dazu aber später. Die Immobilie ist somit eine sogenannte „illiquide" Anlage.

Nachdem wir uns diese drei Punkte nun verdeutlicht haben und uns das Dreieck noch einmal vor Augen führen, dann wird man erkennen, dass es nie die optimale Anlage gibt. Man hat nie 100 % Gewinn, bei 100 % Sicherheit und 100 % Liquidität.

Das eine Ziel geht stets zulasten des anderen, das heißt für uns: Man muss sich zunächst klar machen, welches Ziel für einen wichtig ist. Will man eine hohe Rendite? Dann büßt man aber Sicherheit ein. Will man eine hohe Sicherheit? Das geht nicht mit hohen Gewinnen am Ende.

Mithilfe des „Dreiecks der Geldanlage" hat man jedoch schon einmal eine Art Kompass, mit dem man sich grob orientieren kann. Jeder kann so eine Richtung für sich ausmachen, nach der er die zahlreichen Anlagemöglichkeiten auf dem Finanzmarkt aussortieren kann.

Und das Schöne ist ja: Es gibt kein Richtig oder Falsch. Man muss einfach das für sich Passende finden, so kann tatsächlich jeder für sich gewinnen.

Anlagemöglichkeiten

NR. 1: DIE SPAREINLAGE

D ie Mutter aller Anlagen: die Spareinlage. Hierunter fällt z. B. das Sparbuch von oben. Es gibt am Finanzmarkt kaum ein sichereres Mittel, um sein Geld anzulegen. Jedoch bringt das Sparbuch aufgrund der herrschenden Niedrigzinsphase kaum Zinsgewinne und ist mithin mit einer kaum messbaren Rendite geschlagen.

Diese „Niedrigzinsphase" haben wir der Europäischen Zentralbank (EZB) zu verdanken. Diese entscheidet über die Zinsen innerhalb der EU mittels des sog. „Leitzinses". Mit diesem Leitzins legt die EZB fest, zu welchem Zinssatz die Zentralbank mit ihren Kreditinstituten (unseren Banken) handelt, soll heißen: Der Leitzins ist quasi der Preis für eine

Anlage bei der EZB.

Wenn nun also die Banken mit der EZB Geschäfte tätigen, müssen sie mit diesem Preis kalkulieren. Hierdurch wirkt sich der Leitzins auf den Interbankenhandel aus, denn die Banken legen den Preis aufeinander und so schlussendlich auf die Kunden um.

Die Banken können dem Handel mit der EZB auch nicht entgehen, da ein sog. „Kontrahierungszwang" besteht, die europäischen Banken also mit der Zentralbank handeln müssen.

Da der Leitzins niedrig ist, ist es leichter für die Banken, an das Geld von der EZB zu kommen. Man spricht auch von „billigem Geld". Je mehr Geld jedoch im Umlauf ist, sprich je „billiger" das Geld ist, desto weniger „wert" ist unser Geld bzw. desto weniger Kaufkraft hat es. Man kann sich von den gleichen 5 € jetzt also weniger kaufen als vorher. Und das nennt man dann Inflation.

Auch das ist alles kein Grund zur Beunruhigung, denn in Deutschland liegt die Inflationsrate im Jahr 2020 bei 1,7 % und damit absolut in dem von der EZB vorgegebenen Rahmen von 2 %.

Wenn Sie sich jetzt fragen, wozu man diese Inflation denn überhaupt vorgibt, dann sind Sie nicht allein. Die Erklärung: Wenn das Geld „billig" ist, dann ist es für Unternehmen leichter, Investitionen zu tätigen. Man will also ganz einfach die Konjunktur ankurbeln, denn mit einer gut laufenden Konjunktur werden dann wiederum Arbeitsplätze geschaffen, sodass die Menschen mehr verdienen, mehr kaufen und sich so am Ende die Waage hält.

Andersherum bestünde bei einer zu niedrigen Inflationsrate das Problem, dass die Unternehmen gerade keine Investitionen so einfach tätigen könnten und ein Wachstumsstopp drohen würde.

Ein weiterer Grund für die Inflation lässt sich aus dem bereits dargestellten herleiten, denn wenn man den Gedanken einmal weiterführt, so erkennt man, dass es nur dazu kommen kann, dass man die Konjunktur „ankurbeln" muss, wenn es ein Angebot an Waren, Dienstleistungen etc. gibt, das hinter der Nachfrage zurückbleibt.

Das bringt die Unternehmen dazu, ihre Preise zu erhöhen, denn so lange die Nachfrage da ist, kann man auch die Preise erhöhen, nach dem Motto, „gebraucht wird es ja".

Wie wir auch später sehen werden, kann man das gut am Immobilienmarkt sehen. Es herrscht beispielsweise eine hohe Nachfrage nach Wohnungen, die das begrenzte Angebot übersteigt, weshalb auch die Immobilienpreise stark gestiegen sind.

Zurück zu unserem Gedankenexperiment: Steigen die Preise, wird das Leben für die Konsumenten (die „Nachfrager") immer teurer, da parallel zu den Preissteigerungen ja nicht mehr Geld im Umlauf ist. Um das Gleichgewicht wiederherzustellen, gibt die EZB nun mehr Geld aus.

Gibt es mehr Geld, führt das zunächst dazu, dass auch die Menschen mehr Geld ausgeben, sprich mehr kaufen. Auf die Handlung der EZB folgt also erst einmal eine Steigerung der Kaufkraft. Das hält jedoch nur so lange, bis die Kaufkraft höher ist als der Wert der angebotenen Waren. Dann bekommt man von seinen 5 € auf einmal weniger als vorher.

Das Geld wird „billiger" und da haben wir sie auch schon, die Inflation, denn wie wir bereits gesehen haben, bedeutet eine Steigung des Geldes, das im Umlauf ist, immer auch stets einen Verlust an Kaufkraft dieses Geldes.

Das Problem der Inflation ist damit quasi offensichtlich: Wenn man das Niveau von 2 % stets einhielte, so würde das Geld von Jahr zu Jahr an Kaufkraft verlieren.

Aber genau das ist ja das, was jeder Sparer bzw. Anleger vermeiden möchte. Wir wollen ja gerade Werte aufbauen.

Ist Sparen mit der Inflationsrate demnach nicht zu vereinbaren? An sich nicht. Das Problem liegt für die Sparer beim sog. „Realzins". Das ist der Zinssatz, der genau die oben beschriebene Änderung der Kaufkraft unseres Geldes anzeigt. Dabei ist es natürlich völlig unerheblich, ob diese Wertänderungen aufgrund von Inflationen oder Deflationen („teures Geld") eintreten.

Und wenn man sich einmal in die Lage einer Bank versetzt, die diesen Realzins errechnet, verwundert das auch nicht, denn die Banken, wie auch alle anderen Wirtschaftsunternehmen, wollen am Ende des Wirtschaftsjahres einen Gewinn verzeichnen. Und das gelingt nur, wenn man sich an die Begebenheiten des Marktes anpasst.

In diesem Fall muss sich die Bank demnach an der Geldpolitik der EZB orientieren. Und wie wir bereits gesehen haben, besteht diese (unter anderem) aus dem Leitzins und der Inflationsrate.

Das sind die beiden Indikatoren, die den Geld- und Finanzmarkt bewegen und somit auch unsere Banken und am Ende auch den Sparer interessieren.

Wird das Geld über die Jahre aufgrund der Inflation weniger wert, will die Bank diesem Umstand Rechnung tragen und für sich ökonomisch einen Vorteil mitnehmen.

Und woher kommt der Realzins? Dieser Zinssatz errechnet sich im Grundsatz nach dem Nominalzins, also dem Zinssatz, den man normalerweise z. B. für einen Kredit bei der jeweiligen Bank zahlt, minus der erwarteten Inflation.

Da das alles sehr abstrakt ist und die einzelnen Begriffe teils verwirrend sein können, hier ein Beispiel: Hat man einen Nominalzins bei der Hausbank von 0,7 % (so niedrig sind die Zinsen leider momentan) und eine Inflationsrate von 1,7 %, dann errechnet sich der Realzins wie folgt: 0,7 % - 1,7 % = -1 %

Man erhält also keine Zinsen von der Bank, sondern zahlt am Ende drauf. Aus den 0,7 %, die zwar nicht hoch, jedoch immerhin über den 0 % lagen, wurden -1 %. Diesen 1 % des angelegten Geldes erhält man demnach nicht von der Bank, sondern verliert ihn durch den Wertverlust, der wiederum von der Inflation herrührt.

Nachdem man sich dies alles einmal verdeutlicht hat, weiß man schon eine ganze Menge von dem, was einem bei der Orientierung am Finanzmarkt später helfen wird. Auch kann man sich die Aufgabe des Leitzinses und der EZB im Ganzen besser vorstellen.

Fazit: Die Lage ist also so, dass es im Moment einen niedrigen Leitzins gibt. Die Banken bekommen leichter Geld von der EZB bzw. können es dort zu günstigen Konditionen anlegen. Das Geld ist „billig", wir haben eine Inflation, die in Deutschland allerdings absolut im gewünschten Rahmen liegt. Alles unter Kontrolle, so weit, so gut.

Dieser niedrige Leitzins und die dadurch herrührende Inflation führen zu den niedrigen Realzinsen bei den Banken, denn diese wollen schließlich auch am Ende Gewinn machen. Und der Realzins der Bank ist dann auch der, der Sie unmittelbar trifft.

Hat man also nun ohnehin schon niedrige Zinsen bei Banken und eine Inflation durch den niedrigen Leitzins, so bewirkt das, dass man bei dem sog. Realzins der Banken (der sich aus dem jeweiligen Anlagenzins der Bank und der Inflationsrate errechnet) regelmäßig ins Negative rutscht.

Im Klartext heißt das: Wer jetzt sein Geld in der Niedrigzinsphase anlegt, der zahlt am Ende drauf. Und das dürfte nicht primär das Ziel sein, wenn man sein Geld auf ein Sparbuch legt, um es – wie der Name schon sagt – zu sparen bzw. zu mehren.

Bzgl. der oben aufgeworfenen Frage, ob die Spareinlage mit der Inflation nicht zu vereinbaren ist, kann man also sagen: Nein, sie ist mit dem Zusammenspiel aus Inflationsrate und Niedrigzinsphase, aus der der Realzins stammt, nicht zu vereinbaren.

NR. 2: DIE ANLEIHE

Die Lehrbuchdefinition des Begriffs der „Anleihe" haben wir oben ja schon kennengelernt. Als „Anleihe" wird in der Praxis ein (in der Regel) fest verzinsliches Wertpapier bezeichnet. Darunter fallen zum Beispiel die Staatsanleihen oder die Unternehmensanleihen.

Auch die Begriffe „Obligation", „Bonds" oder „Rentenpapier" werden als Synonym für die Anleihe verwendet, also nicht verwirren lassen, sollte einmal ein anderer Begriff auftauchen.

Man kann sich das bei den genannten Staats- und Unternehmensanleihen in etwa so vorstellen, wie einen Kredit, den man dem Staat (z. B. Deutschland) oder einem Unternehmen zu einem gewissen Zinssatz gibt.

Man selbst gibt durch den Erwerb der Anleihe somit einen Geldbetrag an den Staat oder das Unternehmen heraus, mit dem dann über einen gewissen Zeitraum, der „Laufzeit" genannt wird, gewirtschaftet werden kann.

Aber eines nach dem anderen: Eine Anleihe besteht zunächst einmal aus dem Betrag, der an den Staat oder das Unternehmen herausgegeben wird.

Das nennt man „Nennwert" der Anleihe. Außerdem gibt es wie gesehen den Zinssatz, der von dem Kreditnehmer pro Jahr der Laufzeit zu zahlen ist und den man „Couponzins" nennt.

Am Ende hat man dann noch die Laufzeit, die bestimmt, wann das Geld wieder zurückzuzahlen ist. „Fest verzinslich" heißt, dass man auf das Wertpapier bzw. die Anleihe einen festgelegten Zinssatz erhält, welcher in regelmäßigen Abständen ausgezahlt wird.

Es gilt „in der Regel" fest verzinslich, da es natürlich auch Ausnahmen von diesem Grundsatz gibt, sich der Zinssatz also nicht als in Stein gemeißelt darstellt, sobald man eine Anleihe erworben hat, sondern sich zum Beispiel an einen Wert wie die Inflationsrate anpasst. Auf dem Parkett des Finanzmarktes werden solche Zinssätze als „variabel" bezeichnet.

Die Anleihen werden stets zu einem festgelegten Nennwert ausgegeben, soll heißen: Gibt das Unternehmen seine Anleihen immer nur mit 100 € pro Wertpapier aus, will man jedoch in einer Höhe von 500 € Geld in das Unternehmen anlegen, so muss man fünf Anleihen zu je 100 € erwerben.

Der Staat oder das Unternehmen verpflichtet sich im Rahmen dieser Anleihe (auch „Schuldverschreibung" genannt) dazu, dieses Geld am Ende der Laufzeit wieder an Sie zurückzuzahlen. Die Laufzeit kann ein Monat bis zu mehr als 30 Jahren umfassen. Die Bundesanleihen im Speziellen haben festgelegte Laufzeiten von zehn und 30 Jahren.

Wie auch bei dem Bankdarlehen, das jeder kennt, fällt ein Zins an, den der Kreditnehmer dem Kreditgeber während der gesamten Laufzeit in regelmäßigen Abständen (meist pro Jahr) zu zahlen hat. Dieser Zinssatz oder auch „Couponzins" orientiert sich an der Zahlungsfähigkeit des Kreditnehmers.

In der Regel ist es so, dass die Laufzeit der Anleihe bzw. des „Kredites" und auch der jeweilige Zinssatz, der zu leisten ist, zu Beginn festgelegt werden und sich nicht ändern, also fest sind. Wenn Sie sich fragen, warum es Couponzins heißt, dann sind Sie nicht allein damit.

An dieser Stelle also einmal ein kleiner Exkurs: Der Begriff stammt aus der Zeit, in der noch nicht alles digital organisiert war und man auf dem Papier der Anleihe Coupons zum Ausschneiden gedruckt hatte, mit denen man sodann zur Bank gehen und sich seinen Zins abholen konnte. Das Prozedere hat sich geändert, der Name ist geblieben. Ausschneiden muss man heute allerdings nichts mehr.

Da die Zinsen bei den Anleihen in der Regel fest sind, gibt es beiden Parteien ein gewisses Maß an Sicherheit. Das Unternehmen oder der Staat weiß, was zu leisten ist, und Sie wissen, was Sie pro Jahr erhalten. Hinzu kommt, dass man den Kursschwankungen, die an der Börse herrschen, nicht so ausgesetzt ist, wie es bei variablen Anleihen der Fall ist.

Allerdings ist man immer noch den Schwankungen innerhalb der Zahlungsfähigkeit des Kreditnehmers ausgesetzt sowie dem Risiko steigender Zinsen, was einen eigenen Kurs darstellt.

Betrachten wir auch hierzu ein Beispiel, um es etwa plastischer zu gestalten: Sagen wir, Sie legen heute 10.000 € zu einem Zinssatz von 1 % für zehn Jahre an. Pro Jahr hätte man somit eine Rendite aus den Zinsen in Höhe von 100 €.

Nach fünf Jahren wollen Sie aber nun Ihr Geld wieder zurück, da für Sie jetzt ein neues Investment fällig ist, sagen wir, Sie wollen – oder müssen – sich ein neues Auto kaufen.

In diesen fünf Jahren ist der Realzins (aufgrund oben genannter Ursachen) nun aber auf 2 % gestiegen. Heißt also, wer jetzt seine 10.000 € auf 10 Jahre anlegt, macht pro Jahr einen Gewinn von 200 €.

Wenn Sie nun Ihre Wertpapiere, die noch mit dem alten Zinssatz laufen, verkaufen, stehen Sie vor folgendem Problem: Wieso sollte ein Käufer jetzt Ihre Wertpapiere kaufen, wenn er sich nunmehr auch neue eigene Wertpapiere von dem Emittenten kaufen kann, die einen höheren Zinsgewinn versprechen?

Der jeweilige Käufer wird Ihre Wertpapiere also nur gegen einen Abschlag kaufen. Und dieser Abschlag wird genau die Höhe haben, die auch die Zinsen haben würden, die dem Käufer durch den Kauf Ihrer Anleihen nun entgehen.

Beim Zinssatz von 2 % auf 10.000 € auf die verbleibenden fünf Jahre Ihrer Anleihe gesehen beliefe sich dieser Abschlag auf 500 €. Sie hätten satte 5 % Verlust gemacht.

Und das ist mit dem Risiko steigender Zinsen gemeint. Ganz ohne Kursabhängigkeit läuft es also auch hier nicht.

Die Rendite resultiert bei unserem Beispiel der Staatsanleihen neben dem Zinsgewinn zwar auch aus dem Handel der Schuldverschreibungen bzw. Wertpapiere am Markt, jedoch zeigt das obige Beispiel sehr gut, wie abhängig beides voneinander ist.

Wenn wir allerdings nun daran denken, welche Zinspolitik im Moment am Markt herrscht, dann muss man sich die Frage stellen, ob sich Anleihen im Moment lohnen.

Die Antwort ist auf den ersten Blick unbefriedigend: Es kommt darauf an. Auf den zweiten Blick wird es aber klarer: Und zwar kommt es darauf an, in welche Anleihen man investiert, denn der Zins orientiert sich – wie beschrieben – an der Bonität des Kreditnehmers bzw. Emittenten.

Das beste Beispiel ist der Vergleich der Staatsanleihen von Italien und Deutschland. Die ausgegebenen Staatsanleihen von Italien sind zum Beispiel mit einem Zins von 2,25 % pro Jahr ausgestattet. Im Vergleich dazu liegen deutsche Staatsanleihen nur knapp über 0 %. Anleihe ist also nicht gleich Anleihe.

Woher kommen die Zinsen auf die Staatsanleihen?

Sie werden sicherlich schon einmal etwas von Ratingagenturen gehört haben. Ratingagenturen haben die Aufgabe, sich die Wahrscheinlichkeit anzuschauen bzw. diese zu ermitteln, mit der der jeweilige Staat das an ihn durch die Anleihe ausgezahlte Geld wieder an seine Anleger zurückzahlen wird. Mit anderen Worten: Diese Agenturen gucken, wie wahrscheinlich es ist, dass ein Staat bankrottgeht.

Um diese Wahrscheinlichkeit abzubilden, gibt es eine Art Skala, die im Grundsatz von AAA, was für sehr gut steht, bis CCC, was für sehr schlecht steht, reicht. Man kann das Ganze in etwa mit der Notengebung in der Schule vergleichen.

Unter den drei großen Agenturen gibt es jedoch verschiedene Skalen bzw. verschiedene Abstufungen innerhalb der Skalen. Die oben genannte Skala wird genauso von der Agentur „Fitch Ratings" verwendet. Deutschland hatte laut Fitch Anfang 2020 ein Rating von AAA, wohingegen Italien lediglich bei einem BBB Rating landete.

Hat man also ein schlechteres Rating, so muss man als Staat auch mehr Zinsen zahlen, da das Risiko des Anlegers, sein Geld nicht oder nur zum Teil wieder zu bekommen, höher ist.

Und damit haben wir das klassische Schema des Finanzmarktes wieder: Je höher das Risiko, desto höher der Gewinn.

So ein Rating gibt es selbstverständlich auch bei den Unternehmen, wobei hier die Note von AAA jedoch nie erreicht wird, da man davon ausgeht, dass Unternehmen finanziell anfälliger sind als Staaten, was ja auch Sinn ergibt, wenn man einmal darüber nachdenkt:

Kann ein Unternehmen finanziell tatsächlich genauso stark dastehen wie Deutschland? Wohl eher nicht.

Unternehmensanleihen sind hierbei jedoch nicht etwa unsicherer als Staatsanleihen. Denn wenn das Unternehmen, in das man mittels Anleihen investiert hat, pleite gehen sollte, so wird man als Anleger zuerst aus der Insolvenzmasse befriedigt, sodass sogar in diesem Fall die Anleihe einen gewissen Grad an Sicherheit bietet, was bei anderen Anlagearten nicht der Fall ist.

Woher bekomme ich Staatsanleihen? Staatsanleihen erhält man in Deutschland über die Deutsche Finanzagentur des Bundes. Die Termine, zu denen die Wertpapiere ausgegeben (emittiert) werden, sind dabei festgelegt.

Wenn Sie sich jetzt fragen, wie man Kontakt zu dieser Agentur aufnimmt, können Sie beruhigt sein, denn indem Sie zu Ihrer Bank gehen und dort mit Ihrem Berater sprechen, haben Sie bereits alles Notwendige getan, um an eine solche Anleihe heranzukommen.

Bei Ihrer Bank eröffnen Sie ein sog. Wertpapierdepot, in dem die Anleihen und andere Wertpapiere für Sie verwahrt werden. Außerdem können Sie mithilfe dieses Depots Ihre jeweiligen Wertpapiere kaufen oder verkaufen. Das Wertpapierdepot ist somit Ihre Eintrittskarte zum Finanzmarkt und zu dessen Handel.

Das Gute hierbei ist, dass es kein Mindestanlagevolumen gibt.

Was anfällt, sind natürlich die Gebühren der Bank für die Bereitstellung des Depots und für die Beratung, womit wir bereits bei einem weiteren Vorteil wären, und zwar bei der Tatsache, dass Sie stets auf Ihren Anlageberater zurückgreifen können, wenn Sie einmal Fragen haben sollten.

Es geht jedoch auch noch kostengünstiger, und zwar, indem Sie tatsächlich direkt zur Deutschen

Finanzagentur des Bundes gehen und dort ein Konto zum Handel von Wertpapieren anlegen. Dieses Konto ist kostenlos, allerdings entfällt hier auch die Beratung, sodass Sie auf sich allein gestellt sind.

Je nachdem, wie sicher Sie sich jedoch auf dem Finanzmarkt zu bewegen wissen, sollte dies kein allzu großes Problem darstellen.

Und es gibt ja nicht nur die Staats- oder Unternehmensanleihen, sondern auch noch andere „Kredite", die man gewähren kann. Der Markt ist dabei bunt gemischt, sodass sich für jeden Geschmack etwas finden lässt. Man muss sich nur mit den einzelnen Produkten auseinandersetzen.

Im Moment kann man sich die Lage von Anleihen in etwa wie jene von Aktien vorstellen. Da nämlich die Zinsen so niedrig sind, lassen sich die Renditen nur noch mit dem Handel der Wertpapiere erzielen. Und genauso ist das auch bei Aktien, wie jeder weiß.

Es gilt immer noch: Je höher die Rendite, desto größer auch das Risiko.

NR. 3: DIE INVESTMENTFONDS

Die Investmentfonds oder auch Publikumsfonds stellen quasi das Gegenstück zum sog. „direkten Investment" dar.

Da das direkte Investment z. B. der Kauf einer Immobilie (wie wir auch weiter unten noch sehen werden) ist, muss der Fonds nach dem Grundverständnis eine Art mittelbarer Kauf sein.

Und genau das ist er. Tasten wir uns einmal langsam heran:

Zunächst einmal können in Investmentfonds sowohl Privatpersonen ihr Geld anlegen als auch sog. „institutionelle Anleger".

Das sind solche, die der Form einer juristischen Person bedürfen, da ihre Anlagesumme sehr hoch ist. Warum juristische Person (GmbH, OHG, KG etc.)?

Ganz einfach: Weil man ab einer bestimmten Summe eine Buchhaltung braucht, um den Überblick nicht zu verlieren. So viel dazu.

Und was ist ein Investmentfonds nun genau? Allgemein könnte man einen Fonds als „Geldtopf" bezeichnen, der von einem Manager betrieben wird. In diesen Topf zahlt man dann sein Geld ein.

Das macht man natürlich nicht allein, sondern

mit mehreren Anlegern, die ihr Vermögen langfristig vermehren wollen und dabei nicht auf das Sparschwein zurückgreifen möchten.

Wenn Sie sich jetzt fragen, wie Sie sich diesen Topf vorstellen müssen, dann ist die Antwort darauf nicht schwer, denn ein Fonds existiert natürlich nicht einfach so. Fonds sind juristische Personen, die man Kapitalanlagegesellschaften, kurz KAG, nennt.

Wäre der Fonds nicht in die Form einer juristischen Person gegossen worden, so wäre der Fonds rechtlich gesehen nicht handlungsfähig, denn handeln können im Rechtsverkehr nur Personen (juristische und natürliche), wobei juristische Personen immer natürliche Personen innerhalb ihrer Organe, wie der Geschäftsführung, bedürfen, um tatsächlich handeln zu können.

Und genauso funktioniert das auch bei unserem Fonds. Dieser handelt nämlich durch seinen Fondsmanager. Dieser Manager nimmt nunmehr das Geld, das Sie und die anderen Anleger in den Topf gezahlt haben, und investiert dieses in die jeweiligen Anlagen.

Innerhalb dieser Anlagen gibt es verschiedene Anlageklassen. Man unterscheidet zum Beispiel Aktien, Staatsanleihen, Immobilien und so weiter. Welche dieser Anlageklassen nun ausgewählt wird, kann nicht der Manager selbst entscheiden, sondern er muss sich dabei an dem vorliegenden Fondstyp orientieren sowie an den gesetzlichen Vorschriften.

Wie Sie schon weiter oben gelesen haben, macht dieser Manager seine Arbeit nicht umsonst. Vielmehr wird er von Ihnen und den anderen Anlegern indirekt bezahlt, und zwar werden Gebühren fällig, wenn das Kapital investiert ist.

Das ist aber keineswegs unabsehbar. Sie tappen da in keine Kostenfalle, denn Sie können sich diese Gebühren im Prospekt des Fonds ansehen und davon auch Ihre Entscheidung für oder gegen das Investment in diesen Fonds abhängig machen. Hier droht Ihnen jedenfalls keine versteckte Kostenfalle.

Um diesen Prospekt einsehen zu können, müssen Sie auch keine großen Anstrengungen vornehmen, denn dieser ist stets aktuell öffentlich zugänglich. Das ist sogar per Gesetz vorgeschrieben.

Noch einmal zusammengefasst ist der Fonds quasi ein Geldtopf, in den Anleger investieren. Mit diesem Geld investiert der Fonds wiederum in verschiedene Wertpapiere, die dann Renditen abwerfen.

Die Investmentfonds werden auch „offene Fonds" genannt, da sie in mehrere Wertpapiere oder Projekte anlegen.

Bei den Fondsarten gibt es ein breites Spektrum, das von den eher sicheren Fonds bis zu risikoreichen „Hedgefonds" reicht.

Das Gute an den Fonds im Gegensatz zu einem Direktinvestment ist, dass man kein exorbitantes Eigenkapital aufweisen muss, um erfolgreich investieren zu können.

Außerdem kann man die Anlage in einen Fonds mit einem Sparplan kombinieren und so monatlich eine feste Summe in den Fonds anlegen.

Zudem stehen Sie als Anleger in einen Fonds nicht allein da, sondern haben noch zahlreiche andere Anleger neben sich. Damit erhöht sich die Einlagesumme in Gänze, was dann wieder dazu führt, dass auch der Fondsmanager mehr Geld für Investitionen zur Verfügung hat, das heißt also, dass der

Fonds in größere Projekte investieren kann. Und je größer ein Projekt, desto lukrativer ist es in der Regel.

Da es hier um langfristigen Vermögensaufbau geht, lassen wir die Hochrisikoanlagen außen vor.

Am besten ist es hier, das Risiko zu streuen, soll heißen: Man legt sich nicht nur auf einen Fonds fest, sondern legt das Geld in mehrere an, wobei man darauf achtet, dass diese Fonds in verschiedene Anlageklassen, also Aktien, Immobilien, Anleihen etc. investieren.

NR. 4: IMMOBILIEN

Wer sich schon einmal mehr Gedanken über Vermögensaufbau gemacht hat, der wird sicherlich auch auf die Idee gekommen sein, sich ein Haus zu kaufen.

Doch der Kauf allein ist nicht die einzige Möglichkeit, ein Immobilieninvestment zu tätigen. Insgesamt gibt es sechs für uns interessante Arten des Investments. Bitte nicht angesichts der Zahl direkt die Anlagemöglichkeit der Immobilien für Sie ausschließen.

Wir werden uns im Folgenden langsam an die verschiedenen Möglichkeiten herantasten und am Ende werden Sie wissen, welche Form des Investments für Sie in Betracht kommen könnte, denn im Moment herrschen im Immobiliensektor extrem niedrige Zinsen, weshalb ein Investment in dieser Sparte wegen der guten Renditen gerade besonders attraktiv ist. Man sollte diese Art der Anlage also nicht zu schnell abschreiben.

Teilen wir uns erst einmal zwei Sparten ein:

Erstens das sog. „direkte Investment" und zweitens das sog. „indirekte Investment".

Das direkte Investment

Zum direkten Investment zählt der Kauf eines Objektes. Mit dem Immobilienkauf macht man auch erst einmal nichts falsch, denn Immobilien sind im Gegensatz zu Geld natürlich nicht von einer Inflation betroffen.

Hinzu kommt die große Unabhängigkeit von der Konjunktur.

Auch die Preise für Immobilien sind stark gestiegen in der letzten Zeit.

Man muss somit zwar zum Kauf mehr Geld aufwenden, der – je nach Fall – hohe Weiterverkaufspreis und auch die Möglichkeit, das Objekt zu vermieten, stellen jedoch große Pluspunkte dieser Anlageart dar, weshalb die Investition in eine eigene Immobilie, sei es ein eigenes Haus oder eine eigene Wohnung, die beliebteste Anlage der deutschen Anleger darstellt.

Wer ein Eigenheim erwirbt, der hat zuvor in der Regel eine Entscheidung zu fällen, und zwar jene, ob man tatsächlich sesshaft zu werden beabsichtigt im Moment.

Das mag nun vielleicht etwas komisch klingen, jedoch ergibt das Sinn, wenn man sich selbst einmal die Frage stellt, ob man sich in seiner jeweiligen Lebenssituation ein Haus kaufen wollen würde.

Stehen berufliche Wechsel noch an oder haben Sie ohnehin vor, noch andere Städte zum Wohnen auszuprobieren, dann sollte der Immobilienkauf für Sie noch nicht an oberster Stelle stehen.

Haben Sie jedoch vielleicht schon einen festen Job, in dem Sie sich vorstellen können, auch noch in 30 Jahren tätig zu sein, und steht evtl. auch die Familiengründung in Aussicht, dann könnte das direkte Investment für Sie interessant sein.

Es gilt, sich also zunächst die sog. „Lifestyle-Frage" zu stellen.

A) Kauf: Der Kauf einer Immobilie ist zwar attraktiv, allerdings, wie bereits gesagt, auch mit einem ziemlichen Kapitalaufwand verbunden, denn wer ein Haus in begehrter Lage erwerben möchte, der muss mitunter ziemlich tief in die Tasche greifen.

Im Durchschnitt geht man davon aus, dass der Kauf einer Immobilie in begehrten Lagen erst ab einem Eigenkapital von 500.000 € wirklich sinnvoll ist.

Auch die Unterhaltung kann teuer werden, jedoch kann man sich einige Steuervorteile zunutze machen, wie z. B. die Geltendmachung von Werbungskosten wegen der Anschaffung der Immobilie oder die Möglichkeit der sog. „Abschreibung" der Anschaffungskosten über den Zeitraum der Nutzung, wenn man das Objekt vermietet.

Die Miete selbst ist hierbei jedoch auch zu versteuern. Je nach Steuerklasse kann es zu bis zu 45 % Abgaben kommen.

Da sollte man sich vorher mit seinem Steuerberater besprechen, um ein klares Bild im Einzelfall zu bekommen.

Das soeben Gesagte deutet es jedoch schon an: Die Gewinnerzielung einer Immobilie kann dauern, denn man muss unter Umständen zuerst Kredite abbezahlen, da es zum Kauf der Immobilie eines doch für viele erheblichen Eigenkapitals bedarf, das nicht sofort zur Verfügung stehen wird.

So ein Kredit bei der Bank stellt jedoch ein eigenes Risiko dar, denn kann man die jeweiligen Raten nicht zurückzahlen, dann verliert man das Eigenheim zum Beispiel im Wege der Zwangsvollstreckung.

Und auch die Abschreibung der Anschaffungskosten wird ein paar Jahre in Anspruch nehmen. Aber wie oben bei *Nr. 3* gesagt, ist die Planung auf lange Sicht hier gerade das Ziel.

Eine Sache sollte man sich jedoch auch vor Augen führen: Der Handel mit Immobilien ist nicht so flexibel wie der mit Fondsanteilen oder Anleihen, zumindest, wenn man sich die Rendite aus der Wertsteigerung zu 100 % sichern will, denn:

Verkauft man die Immobilie innerhalb von zehn Jahren weiter, muss man diesen Gewinn voll versteuern.

Hinzu kommt, dass die Erwerbsnebenkosten einer Immobilie mitunter hoch ausfallen können, so können sie beispielsweise bis zu 10 % oder mehr betragen.

Zu diesen Kosten zählen zum Beispiel jene für einen Notar oder solche im Rahmen der Grunderwerbssteuer.

Und wie oben schon erwähnt, müssen Sie diese Kosten natürlich von Ihrer Rendite abziehen.

Bevor man dieses direkte Investment tätigt, sollte man sich somit zunächst klar machen, ob man schon sesshaft werden möchte oder lieber noch die Flexibilität der Miete in Anspruch nehmen will.

Außerdem sollte man neben den guten Renditen von Immobilien auch die damit verbundenen Risiken und Nachteile beachten, wie das erhöhte Risiko bei der gleichzeitigen Aufnahme eines Kredits, das Objekt wieder zu verlieren sowie den Minuspunkt der im Einzelfall doch sehr hohen steuerlichen Abgaben.

B) Vermietungsimmobilien: Wie bereits oben angesprochen, kann man die Immobilie natürlich nicht nur allein erwerben, um sie selbst zum Wohnen zu nutzen, sondern man kann auch in

Vermietungsimmobilien investieren.

Man erwirbt also ein Haus oder eine Wohnung und vermietet sie – wie der Name schon sagt – an andere, um so einen Gewinn zu erwirtschaften.

Das klingt erst einmal gut, jedoch sollte man einige Dinge beachten, denn um wirklich attraktive Renditen erzielen zu können, muss man nicht nur eine Wohnung oder ein Haus erwerben, sondern viele.

Man nennt das klanghaft „Klumpenrisiko", denn ein normaler Anleger, der einen normalen Job hat und normal verdient, wird wohl kaum so viel Eigenkapital zur Verfügung haben, um damit zehn oder zwanzig Wohnungen oder Häuser erwerben zu können, zumal dies je nach Lage sehr kostspielig sein kann, wie wir oben bereits gesehen haben.

Man hat in der Regel allenfalls genug Kapital, um in eine Immobilie zu investieren.

Und was hieran das Problem ist, haben wir oben bereits kennengelernt, denn: Investiert man in nur eine Anlageklasse bzw. in nur ein Wertpapier, so ist man sehr abhängig davon, dass diese Anlage funktioniert.

Man hat sein Risiko nicht gestreut bzw. diversifiziert und geht somit ein wesentlich höheres Risiko ein als mit mehreren Wertpapieren aus verschiedenen Branchen und am besten aus verschiedenen Ländern.

Ferner wissen Sie wahrscheinlich auch aus eigener Erfahrung, wie schnell in einer vermieteten Wohnung etwas kaputt gehen kann.

Man selbst ruft in so einem Fall dann bei dem Vermieter an, schildert den Vorfall und dieser kümmert sich dann um alles Weitere.

Ein Punkt ist also der große Aufwand, der hinter einem Vermietungsobjekt steckt. Andererseits gilt es auch, die Wohnung für den Mieter oder auch für zukünftige Mieter attraktiv zu halten, sprich, sie zu renovieren und instand zu halten. Zu Letzterem ist man sogar gesetzlich verpflichtet.

Und zahlt ein Mieter sodann seine Miete nicht, hat man kein Geld, das „reinkommt", muss jedoch trotzdem die laufenden Kosten des Objekts tragen. Man nennt das „negative Cashflow" (es kommt nichts rein, sondern geht nur raus).

Ferner gilt natürlich auch hier der Punkt der Erwerbsnebenkosten, die wir oben schon kennengelernt haben.

Außerdem gibt es einen Vorteil, den Anleger haben, die gewerblich in Vermietungsimmobilien investieren. Diese investieren nämlich nicht allein, sondern in Gruppen, und können somit unter anderem besser mit Banken verhandeln, da sie einfach eine stärkere Position innehaben, weil sie größere Immobilien erwerben und mehr Kapital aufbringen können als ein einziger Anleger.

Mit dieser Investorengruppe müssen Sie also zusätzlich kalkulieren, wenn Sie in Vermietungsobjekte investieren wollen.

Haben Sie das oben umrissene Eigenkapital für dieses Investment oder haben Sie keine Scheu davor, einen Kredit aufzunehmen, um diese Anlage tätigen zu können, stehen Sie schon einmal gut da.

Um einen Kredit zu bekommen, sollten Sie ein festes Einkommen haben und auch sonst eine gute Bonität besitzen. Spaßhaft formuliert könnte man sagen, dass Sie am besten ein Rating wie Deutschland haben sollten, um gute Konditionen und vor allem Zinsen auf den Kredit von der Bank gewährt zu bekommen.

Ferner sollten Sie bereit sein, Zeit zu investieren, um das jeweils geeignete Objekt für Sie zu finden. Das bedeutet Recherche und Recherche bedeutet leider immer auch einigen Zeitaufwand.

Erfüllen Sie diese Anforderungen, dann steht dem Investment nichts mehr im Wege und Sie können durch die Mieteinnahmen ein finanzielles Polster aufbauen, das Sie zum langfristigen Vermögensaufbau nutzen können.

Das indirekte Investment

A) Immobilienfonds: Auf der anderen Seite kann man in offene Immobilienfonds investieren. Dies erfordert weniger Kapital und gilt als sicherer Sparbuchersatz.

Der offene Immobilienfonds ist an der Börse gelistet, was den Vorteil eröffnet, mit der Anlage in dem Fonds handeln zu können. Und wie wir bereits gesehen haben, kann man mit dem Handel von Wertpapieren auch attraktive Renditen erzielen.

Die Börsennotierung bringt für Sie den Vorteil mit sich, dass die Fonds von der BaFin kontrolliert werden und verschiedenen Gesetzen unterworfen sind, das heißt im Einzelfall, dass die Prospekte der

Fonds transparent sein müssen.

In diesen Prospekten erhalten Sie genaue und stets aktuelle Angaben zu den Kosten, die auf Sie zukommen können, sowie zu den Grundsätzen der Anlagestrategie des jeweiligen Fonds, das heißt, dass Ihnen Informationen darüber gegeben werden, in welche Produkte der Fonds investiert.

Allerdings gilt hier wie bei allen anderen Anlagen: Wo es Positives gibt, gibt es auch Negatives. Da die Anteile an der Börse gehandelt werden, kann man sie auch an die Fondsgesellschaft zurückgeben.

Die Anteile bezeichnet man also als „liquide" (Sie erinnern sich an das Dreieck, das wir eingangs besprochen haben?).

Besteht nun die Möglichkeit, die Wertpapiere wieder abgeben zu können, kann das dazu führen, dass in Zeiten einer Krise die Anleger reihenweise ihre Anteile wieder an die Fondsgesellschaft zurückgeben wollen.

Am plakativsten ist das bei der großen Finanzkrise 2007 und 2008 geschehen, wo genau der eben beschriebene Fall eingetreten ist und die Leute ihre Anteile an die Fondsgesellschaften zurückgegeben haben.

Da aber auch eine Fondsgesellschaft nur über ein beschränktes Kapital verfügt, das sie auszahlen kann, kam es dazu, dass die Fonds geschlossen werden mussten.

Wie wir noch sehen werden, führt das natürlich nicht dazu, dass all die Anleger, die ihre Wertpapiere nicht zurückgegeben haben, ihr Geld sofort verlieren, jedoch steigt das Risiko auf den Verlust deutlich, da bei einem geschlossenen Fonds niemand mehr Anteile zurückgeben kann.

Der Fonds auf der anderen Seite hat in einem Fall, in dem zahlreiche Investoren ihre Wertpapiere zurückgeben wollen, den Vorteil, schnell Geld zu besorgen, indem er zum Beispiel die Immobilien verkauft, in die er zuvor investiert hat.

Je mehr von dieser „Substanz" der Fonds jedoch abstößt, desto geringer wird auch sein Wert.

Doch auch diese Fonds brauchen i. d. R. um die fünf Jahre, bis die Kosten ausgeglichen sind und die Rendite Ihnen voll zugutekommt.

Für den langfristigen Vermögensaufbau sind diese sicheren Anlagen jedoch gut geeignet.

Vor diesem Hintergrund fallen auch die Kündigungsfristen von 12 Monaten und die dementsprechenden Mindestlaufzeiten von zwei Jahren nicht so sehr ins Gewicht.

Gewinnbringend sind diese Fonds, weil sie mit einer Rendite von durchschnittlich 2 % über der Inflationsrate liegen und man somit am Ende kein Geld verliert, wie bei *Nr. 1* gezeigt.

B) Immobilienaktien: Immobilienaktien oder auch REITs (englisch für Real Estate Investment Trust) sind Wertpapiere in Form von Aktien, die man an Immobilienunternehmen erwerben kann und an der Börse handelt.

In Deutschland gibt es gewisse steuerliche Vorteile für diese Unternehmen. So zahlen sie zum Beispiel keine Gewerbe- und Körperschaftssteuer, was unter anderem einen erheblichen finanziellen Vorteil für diese REIT-Unternehmen darstellt.

Auf der anderen Seite haben sich diese Immobilienunternehmen an gewisse Vorschriften zu halten, um den steuerlichen Vorteil erhalten zu können, also in Deutschland betrieben werden zu dürfen.

Eine dieser Vorschriften beinhaltet die Pflicht des Unternehmens, 90 % seiner Gewinne an die Investoren auszahlen zu müssen.

In was investieren diese Unternehmen? So viel vorweg: Eigenheime sind es schon einmal nicht.

REIT-Unternehmen konzentrieren sich vor allem auf Bürokomplexe und Einkaufszentren, also auf Objekte, die dem einzelnen Anleger wegen der hohen Kapitalanforderungen dieser Objekte verschlossen bleiben dürften.

Interessieren Sie sich vor allem für eine großzügige Rendite für Ihre Anteile an einem Unternehmen, dann seien Ihnen REITs ans Herz gelegt, die mit ihrer 90 %-Ausschüttungspflicht im Bereich der Rendite vorn liegen.

In puncto Sicherheit gibt es bei diesen Unternehmen zudem noch einen Vorteil, und zwar den der Diversifikation bzw. Risikostreuung, denn sie investieren nicht nur in ein Shoppingcenter oder ein Bürogebäude, sondern haben zahlreiche solcher Objekte in ihrem Besitz, was Ihr Risiko streut, da Sie nicht mehr vom Erfolg einer einzigen Immobilie abhängig sind.

Da die REIT-Unternehmen vom Staat überwacht werden, bieten sie außerdem eine hohe Transparenz bzgl. der Kosten und Anlagestrategien. Außerdem werden die Anteile an diesen Unternehmen an der

Börse gehandelt, weshalb der Handel mit ihnen stets möglich ist und somit auch Anlegern, die nur kurzfristig Kapital zur Verfügung haben, eine Möglichkeit zur Geldanlage bietet (Liquidität).

Der kleine Wermutstropfen in dieser Anlageklasse ist jedoch, dass es für Anleger, die ausschließlich in deutsche REITs investieren wollen, lediglich drei Immobilienaktienunternehmen zur Auswahl gibt.

Wenn Sie also keine Lust haben, sich auch bzgl. ausländischer REITs zu informieren und dementsprechenden Aufwand zu betreiben, müssen Sie noch nicht sofort auf die Möglichkeit des Investments in Form der REITs verzichten, denn auch mit den nachfolgenden Anlagearten können Sie von Immobilienaktien profitieren.

C) Aktive Immobilienaktienfonds: Diese Fonds entsprechen den Investmentfonds, die aktiv gemanagt werden, jedoch investiert der Immobilienaktienfonds ausschließlich in REITs.

Wie auch die Investmentfonds haben die Immobilienaktienfonds einen Manager, der entscheidet, in welche REITs investiert wird und in welche nicht.

Dieser Manager und sein Team werden dadurch

bezahlt, dass man deren Salär von den erzielten jährlichen Renditen abzieht.

Wie es leider bei Investmentfonds ist, ist es auch bei den REIT-Fonds so, dass es sehr selten ist, dass man auf einen trifft, der mit wenig Kursschwankungen und demzufolge mit wenig Risiko hohe Gewinne erzielt. Vielmehr schwanken diese Fonds genauso wie die anderen Investmentfonds auch.

D) Passive Immobilienaktienfonds: Anstatt in einen Fondstopf investiert man in sogenannte ETFs.

Wenn Sie noch nie von ETFs gehört haben, machen Sie sich keine Gedanken, denn a) sind Sie damit nicht allein und b) werden wir diese Anlageart im Folgenden kennenlernen.

Zunächst einmal steht die Kurzform ETF für Exchange Traded Funds. Hierunter kann man sich Wertpapiere vorstellen, die einem Index für einen bestimmten Markt folgen. Diese Wertpapiere werden an der Börse gehandelt und sind somit besonders liquide, also geeignet für Anleger, die lediglich kurzfristig ihr Geld anlegen können.

Des Weiteren unterscheiden sich die ETFs von den Fonds, die wir bisher kennengelernt haben, dadurch, dass sie kein aktives Management haben, wodurch sie kostengünstiger sind, denn das Gehalt des Managers und seines Teams spart man sich so natürlich.

Das Management spart man durch den Börsenhandel, denn wie auch Aktien können Sie diese Wertpapiere über Ihr Depot selbst kaufen und verkaufen und benötigen dazu keine Fondsgesellschaft und somit auch kein Management.

Gehandelt wird dabei über ein automatisiertes System, sodass es keiner natürlichen Person bedarf, die einzelne Produkte aussucht, in die sodann investiert wird.

Woher kommen die ETFs?

Es gibt verschiedene Wege, wie ein Exchange Traded Fund geschaffen werden kann. Einerseits gibt es die sog. „physische Abbildung", bei der eine Gesellschaft gegründet wird, die dann die Wertpapiere, die dem Index, zum Beispiel dem DAX, entsprechen, einkauft. „Physisch" also deswegen, weil die Gesellschaft die Papiere quasi körperlich einkauft.

Das Besondere an dieser Art, einen ETF zu schaffen, ist, dass der Wert des Unternehmens immer nur so hoch ist, wie der Wert der in dem

Unternehmen enthaltenen Wertpapiere. Die enthaltenen Wertpapiere orientieren sich an dem Index (zum Beispiel dem DAX). Die Wertpapiere, die das Unternehmen nun gekauft hat, sind Ihnen dadurch jedoch noch nicht zugänglich.

Vielmehr müssen Sie jetzt die ETFs erwerben, die das Unternehmen ausgegeben hat. Man kann die ETF-Anteile in etwa mit Aktien vergleichen.

Wie Sie vielleicht schon erkannt haben, zeichnet sich nun folgendes Bild: Wir haben ein Unternehmen, das Wertpapiere einkauft, die sich an einem Index (zum Beispiel dem DAX) orientieren.

Der Wert des Unternehmens ist also immer nur so hoch wie der Wert der Wertpapiere, die dieses Unternehmen besitzt. Das Unternehmen gibt jetzt ETF-Anteile aus, die den Anlegern zugänglich gemacht werden. Diese Anteile orientieren sich wiederum an dem Wert des Unternehmens.

Wir haben also quasi eine durchgehende Kette, die einen einheitlichen Wert abbildet, welcher sich schlussendlich am jeweiligen Index ablesen lässt.

Sie können also mit Leichtigkeit den Wert des ETF verfolgen, indem Sie nur den Vergleichsindex beobachten. Das schafft Transparenz und

Einfachheit, denn Sie müssen den DAX oder einzelne Kurse jetzt nicht mehr auf Ihren speziellen Fonds oder Ihre spezielle Anleihe beziehen.

Je nach Art des Index, auf den sich ein ETF bezieht, gibt es verschiedene Formen der ETFs. Die „Indizes" sind dabei die ETFs, die sich zum Beispiel auf den DAX konzentrieren.

ETFs können jedoch auch Rohstoffe, Länder oder Branchen abbilden.

Der Vorteil von ETFs ist, dass Sie mit dieser Anlageart auf ein internationales Portfolio zugreifen und nicht an den deutschen Markt, der leider beschränkt ist, gebunden sind. Mithin haben Sie Ihr Risiko optimal gestreut bzw. diversifiziert.

Des Weiteren beruhen die ETFs auf dem Vergleichsindex, zum Beispiel dem DAX. Das hat den Vorteil, dass es Ihnen nicht schadet, wenn der Emittent insolvent wird, denn an diesem haben sich Ihre ETFs nicht orientiert. Ihnen schadet es lediglich, wenn der Vergleichsindex fällt.

Einen weiteren Pluspunkt, nämlich den Kostenvorteil, haben wir oben schon erwähnt. Dieser resultiert daraus, dass die ETFs kein aktives Management haben, sondern passiv sind.

Das Management des ETF handelt lediglich zu Beginn, wenn es darum geht, die Wertpapiere einzukaufen, und dann noch einmal, wenn sich der Index ändert, um die Wertpapiere und damit am Ende die ETFs wieder anzupassen.

Sollten Sie in Exchange Traded Funds investieren wollen, gibt es noch vier kleine Punkte, auf die Sie achten sollten.

Das erste Kriterium nennt sich TER, was für Total Expense Ratio steht. Dieser Begriff meint schlicht die Gesamtkosten, die der einzelne ETF beinhaltet.

Wie bereits erörtert, sind ETFs wegen ihres passiven Managements kostengünstig, jedoch nicht umsonst, und diese Kosten, die trotzdem anfallen, bildet das Total Expense Ratio ab.

Der TER wird auf den Internetseiten der Gesellschaften in einer Quote angegeben.

Wenn Sie nun also vor der Entscheidung stehen, welchen ETF Sie erwerben wollen, dann nehmen Sie sich zuerst die Wahl des jeweiligen Index vor.

Wollen Sie in eine Branche investieren oder Indizes erwerben, die sich am DAX orientieren?

Haben Sie diese Frage beantwortet, schauen Sie sich die einzelnen ETFs, die innerhalb dieses Index angeboten werden an und vergleichen die TER.

Das zweite Kriterium ist das der Ausschüttung oder Thesaurierung des ETF. Unter „Ausschüttung" können wir uns alle sicherlich etwas vorstellen. Ausschüttung meint, dass der Emittent am Ende des Jahres zum Beispiel die Renditen an die Anleger auszahlt.

Bei dem Begriff „Thesaurierung" wird es dann schon schwieriger, aber das ändert sich jetzt: „Thesaurierend" heißt, dass die Rendite des Fonds nicht ausgezahlt wird, sondern quasi im Fonds gespeichert wird. Das funktioniert so, dass die Fondsgesellschaft die Gewinne direkt wieder in ETFs investiert.

Wozu macht man das?

Nun, indem man das Geld wieder zurück investiert, ohne den Gewinn vorher abzuschöpfen, steigt der Wert bzw. der Kurs des jeweiligen ETF.

Der Geldtopf des Fonds wird demnach voller, Ihre Taschen bleiben jedoch erst einmal leer, da die Rendite ausbleibt.

Das Gute bei der Thesaurierung ist, dass man die Kosten spart, die sonst bei dem Prozedere anfielen, das seinen Lauf nehmen würde, wenn der Fonds die Gewinne an die Anleger ausschüttet.

Erhält man nämlich die Rendite, legt man diese erneut an. Und mit der erneuten Anlage verbunden sind sogenannte Transaktionskosten, also die Kosten, die anfallen, wenn man mit Wertpapieren zum Beispiel über einen Broker handelt.

Außerdem gilt die uralte Prämisse: Was man nicht hat, kann man auch nicht verlieren.

Haben Sie demnach die Renditen nicht erhalten, da sie nach diesem Prinzip im Fonds verbleiben, können Sie dieses Geld auch nicht weiter investieren und dabei evtl. auf Produkte setzen, die ein höheres Risiko haben.

Hinsichtlich des langfristigen Aufbaus von Vermögen ist die Thesaurierung im Rahmen von ETFs also eine gute Variante, um das Geld anzulegen.

Weiter kann man sich nach der sog. „Replikationsmethode" richten.

Ich kann Sie verstehen, wenn Sie bei den vielen Vokabeln durcheinander zu kommen drohen, jedoch sind die meisten, wenn man sie genauer betrachtet, einfach zu verstehen und zu merken.

Und auch hier muss man sich nicht entnervt abwenden. Die „Replikationsmethode" meint nichts anderes als die Art, wie der ETF den jeweiligen Index abbildet, eben dessen „Replik" ist.

Unter anderem gibt es hier die sog. „physische Replikation".

Wie oben bei der physischen Abbildung ange-deutet, kauft das ETF-Unternehmen Aktien ein, die der Index, an dem sich der Fonds orientiert, enthält.

Da diese Art der Replikation unter den anderen Varianten die sicherste ist, lassen wir hier zugunsten der Übersicht diese anderen Möglichkeiten außen vor und belassen es bei der Kenntnis von dieser.

Zuletzt kommen wir leider nicht darum herum, uns mit den Steuern der ETFs auseinanderzusetzen. Steuern sind ein allseits eher unbeliebtes Thema, aber wir werden sehen, dass es nicht unübersicht-lich und unverständlich sein muss.

Fangen wir also langsam an. Man unterscheidet in diesem Bereich zwei Arten der Versteuerung der Renditen, nämlich „steuerhässliche" und „steuerein-fache" Fonds.

Unter „steuereinfach" versteht man den Fall, dass es nur eines minimalen Verwaltungsaufwandes bedarf, um diese Steuer zu beziehen, denn diese wird bereits bezahlt, bevor die Gewinne an Sie aus-gezahlt werden. Das geht automatisch über den

Broker. Sie müssen sich darum nicht kümmern.

Dagegen bezeichnet man Fonds als „steuerhässlich", die ihren Sitz im Ausland haben und man daher der Gefahr einer Doppelbesteuerung unterliegt. Außerdem muss man die Erträge dieser Fonds in der Steuererklärung angeben. Das gilt sogar dann, wenn der Fonds zwar die Erträge erwirtschaftet, aber noch nicht an Sie ausgezahlt hat, weil es sich um ETFs handelt, die thesaurierend und nicht ausschüttend sind. Man muss demnach Steuern auf Erträge zahlen, die man überhaupt nicht vereinnahmt hat, sondern die im Fonds geblieben sind.

Es ist also besser, die steuereinfachen Fonds zu wählen, da die steuerhässlichen Fonds verwaltungstechnisch aufwendiger sind.

Welches Produkt nehme ich?

Der Finanzmarkt ist so breit aufgestellt, dass sich für jeden Typ etwas findet. Die weitaus wichtigere Frage ist es, herauszufinden, welcher „Anlegertyp" man ist.

Man geht da am besten in drei Schritten vor, um die richtige Richtung auszumachen.

Schritt eins: Wie viel Kapital haben Sie zur Verfügung?

Falls Sie über ausreichend Finanzmittel verfügen, wäre die Investition in Immobilien die perfekte

Wahl. Der Kauf eines Objekts bringt nicht nur steuerliche Vorteile, sondern ist auch auf lange Sicht inflations- und konjunkturfest und bietet mit seinen niedrigen Zinsen und sicheren Gewinnen eine optimale Anlagemöglichkeit, die auf langfristigen Vermögensaufbau zugeschnitten ist.

Hat man nicht das nötige Eigenkapital, sind Fonds die Option. Hier lässt man den Fondsmanager für einen investieren, sodass man nicht zu jeder Zeit den Kurs im Auge behalten und kein großes Wissen hinsichtlich des Kapitalmarktes besitzen muss.

Ob Sie einen Immobilienfonds oder einen anderen offenen Fonds wählen, ist Ihrem Belieben überlassen.

Schritt zwei: Wie flexibel wollen Sie sein?

Als Nächstes sollte man sich die Frage stellen, wie weitgehend man „am Ball" bleiben möchte. Will man den Handel nutzen und sich auch in der Zukunft regelmäßig mit dem Finanzmarkt auseinandersetzen oder ist man eher daran interessiert, die Anlage für sich arbeiten zu lassen?

Beispielsweise ist der Vorteil des Fonds im Gegensatz zum Direktkauf einer Immobilie, dass die Fonds flexibler sind. Selbst die Immobilienfonds mit ihren erwähnten Kündigungsfristen von 12 Monaten haben da die Nase vorn, denn wie erwähnt bringt es steuerlich teils erhebliche Nachteile mit sich, wenn man vor Ablauf der Zehnjahresfrist die Immobilie wiederverkauft.

Wollen Sie sich demnach nicht so fest binden, sondern flexibel sein und dabei nicht so viel Geld in die Hand nehmen wie beim direkten Investment, dann seien Ihnen die Fonds angeraten.

Sowohl Investmentfonds und Immobilienaktienfonds als auch die normalen Immobilienfonds sind hierbei sichere Varianten, wobei mit Blick auf die niedrigen Zinsen bei Anleihen wohl hier eher die Immobilienfonds und Immobilienaktienfonds vorne liegen dürften.

Aufgrund der hohen Nachfrage an Wohnraum, die sich auch in der nächsten Zeit nicht mindern wird, ist zudem die Prognose für direkte Immobilieninvestments gut.

Schritt drei: Wie viel Sicherheit wollen Sie?

Absicherung. Ein Schlagwort, das jeder im Kopf hat, wenn es um das Thema Anlagen geht. Natürlich gibt es auch auf dem Finanzmarkt einige Variationen, mit denen sich die Banken und Fonds absichern und ihre

Kunden schützen.

Zunächst einmal gibt die gesetzliche Einlagensicherung, nach der die Banken verpflichtet sind, Maßnahmen zur Absicherung der Kunden zu treffen.

Diese gesetzliche Einlagensicherung greift, wenn der Kunde seine Einlage zurückhaben möchte, die Bank aber nicht zahlen kann.

Nach dem Gesetz sind Einlagen bis 100.000 € pro Kunde geschützt, sodass jeder diese Summe zurückbekommt, egal, was auch passiert.

Diese Einlagensicherung umfasst Girokonten, Sparbücher, das Festgeld etc.

Nicht gesichert sind hingegen die Einlagen in Wertpapiere und Fonds.

Das heißt im Klartext: Das Guthaben wird geschützt, nicht jedoch das Eigentum an Wertpapieren, das ja lediglich von der Bank verwahrt wird. Darüber hinaus sichern sich die angesprochenen Fonds natürlich auch zugunsten der Anleger ab.

Ohne „Fallschirm" würden sich sonst schließlich nur die ganz Mutigen an so ein Investment trauen. Zum einen sind die Fonds sog. „Sondervermögen". Das bedeutet, dass das Vermögen des Fonds, also die Werte, in die er investiert hat, nicht innerhalb der

Fondsgesellschaft verwahrt wird, sondern davon getrennt.

Da die Fonds in Werte investieren, führt es also nicht direkt zur Pleite des Fonds, wenn die Fondsgesellschaft insolvent ist, denn die Werte, in die investiert wurde, sind ja noch da.

Ein Beispiel dafür, dass ein Fonds, auch wenn die Fondsgesellschaft pleitegeht, noch nicht gescheitert ist, könnte sein, dass man sich für seine zahlreichen Immobilien einen Verwalter einstellt.

Wenn dieser nun bankrottgeht, heißt das ja noch nicht, dass auch die Immobilien weg sind. Dieser Wert, der in den Immobilien verkörpert ist, besteht ja auch weiterhin als gesondertes Vermögen. Sie brauchen dann nur einen neuen Verwalter. Der Fonds in diesem Beispiel bleibt dann erst einmal geschlossen.

Das ist zunächst kein Grund zur Sorge. Allerdings kann ein Fonds nicht für unbegrenzte Zeit geschlossen bleiben. Irgendwann wird der Fonds dann auch abgewickelt, also liquidiert oder umgangssprachlich „versilbert".

Außerdem hat der Gesetzgeber als Reaktion auf die Finanzkrise 2007 und 2008 Regeln für Fonds beschlossen.

Beispielsweise haben wir oben ja das Problem kennengelernt, das vornehmlich in der genannten Finanzkrise die Fonds reihenweise zum Schließen gebracht hat, nämlich jenes, dass die Anleger in einer Krise aus Furcht um Verluste ihre Anteile an die Fondsgesellschaft zurückgeben, bis die Gesellschaft nicht mehr genug Kapital zur Verfügung hat, um der Nachfrage ihrer Anleger gerecht werden zu können.

Heute ist es Investoren daher nicht mehr möglich, ihre Anteile auf einmal komplett abzustoßen.

Ferner kann man bekannterweise das Risiko streuen. Wie wir nun wissen, heißt das, dass man anstatt in eine Anleihe, Aktie, Immobilie etc. in 100 Anleihen, Aktien oder Immobilien investiert, sodass der Ausfall einer Anlage nicht direkt das Aus des ganzen Fonds (bzw. das Aus für unseren Fondsmanager) bedeuten muss.

Man kann sich das in etwa wie beim Roulette vorstellen. Setzt man nur auf eine Zahl, trägt man ein höheres Risiko, als wenn man auf eine ganze Farbe setzt (Diversifikation). Und vom Prinzip her funktioniert es hier genauso.

Doch zu allererst muss man sich verdeutlichen,

dass es zwei Arten des Risikos gibt. Einmal das Risiko des Wertpapiers an sich, was man „individuelles Risiko" nennt. Das haben wir schon gesehen. Eine Anleihe von Italien zum Beispiel gilt als risikoreicher als eine von Deutschland, weil das Rating von Italien nicht so gut ist wie das von Deutschland und mithin die Gefahr besteht, dass man von Italien sein Geld nicht oder nur zum Teil wieder bekommt.

Auf der anderen Seite gibt es das „Marktrisiko", das wird unter anderem auch „systemisches Risiko" genannt. Beide Begriffe meinen aber vom Prinzip her dasselbe. Das „Marktrisiko" meint das Risiko, das alle Anlageprodukte in einem Marktsegment betrifft.

Hat man zum Beispiel eine Anleihe an einem Unternehmen in einem bestimmten Segment und wird dieses Segment von einer Krise betroffen, so betrifft dies nicht die einzelne Anleihe an dem jeweiligen Unternehmen, sondern alle Unternehmen und ihre Anleihen in diesem Segment.

Dieses Risiko kann sich auch noch größer spannen und zum Beispiel den ganzen Markt in Deutschland erfassen, wonach dann alle Unternehmen und ihre Anleger betroffen wären.

Je nach Art des Risikos gibt es verschiedene Stellschrauben, an denen man drehen kann, um sich abzusichern.

Beim individuellen Risiko sollte man versuchen, das Risiko dahingehend zu streuen, dass man in mehrere Wertpapiere investiert, die nicht alle dasselbe individuelle Risiko besitzen.

Das heißt, dass man sein Kapital, das man anlegen möchte, in verschiedene Wertpapiere, von verschiedenen Unternehmen (oder Staaten) investieren sollte.

Hat man demnach mehrere verschiedene Wertpapiere – in dem Bild von oben also auf mehrere Zahlen oder eine ganze Farbgruppe gesetzt –, so reduziert man damit das Risiko, dass ein bestimmtes Wertpapier an Wert verliert oder gar ganz untergeht.

Beim Marktrisiko ist es sinnvoll, nicht nur verschiedene Wertpapiere zu erwerben, sondern auch darauf zu achten, in verschiedene Segmente zu investieren, also in verschiedene Unternehmen aus verschiedenen Branchen, sodass eine Krise in eincm Marktsegment einen nicht gleich zu hart trifft.

Des Weiteren sollte man in verschiedene Anlageklassen investieren. Als „Anlageklasse" bezeichnet man die verschiedenen Arten von Wertpapieren.

Man sollte also nicht allein in Anleihen oder Immobilien anlegen, sondern sich am besten „mehrgleisig" einbringen und dazu noch in unterschiedlichen Ländern anlegen, sodass man breit aufgestellt ist und sein Risiko somit nicht nur auf ein Segment oder einen Markt ausgerichtet hat.

Des Weiteren werden die Fonds von der Bundesanstalt für Finanzdienstleistungsaufsicht, kurz BaFin, kontrolliert, die wir weiter oben schon erwähnt haben. Die Regeln, die die Fondsmanager hiernach zu befolgen haben, erlegen sie sich selbst auf.

Wer jetzt anfängt, an diesem System zu zweifeln, darf die erwähnte Kontrolle der BaFin nicht vergessen, denn wenn es ums Geld geht, dann hört hier in Deutschland bekannterweise der Spaß auf, weshalb also auch die Strafen für Fehlverhalten hart sind.

Somit werden die selbst auferlegten Regeln der Manager konsequent umgesetzt.

Im Rahmen dessen kann im Punkt Sicherheit dann zum Beispiel jene Regel auftauchen, wie viel

Prozent der Fonds an Reserven zurückzulegen hat.

Wie auch schon bei den oben angesprochenen Gebühren, die die Bezahlung des Fondsmanagers darstellen, kann man auch die Regeln, denen der Manager unterworfen ist, im jeweiligen Prospekt nachlesen. Sie sehen: Die Lektüre lohnt sich.

Bei den Fonds spricht man im Sinne von Sicherheit auch von „hedging". Darunter ist die Absicherung des Kursniveaus durch Derivate etc. zu verstehen. Gesichert wird also nicht das Geld, das eingelegt wurde, sondern der Wert des Kurses. Ein Derivat kann man sich quasi als Wette vorstellen, mit der die Bank das Kursrisiko unter Kontrolle hält.

Manche Fonds haben darüber hinaus die Strategie entwickelt, dass sie in den guten Zeiten zu 100 % am Markt teilnehmen und Renditen erwirtschaften, sodass sie – wenn ein Risiko vom System erkannt wird – diesen Handel dem Risiko entsprechend einschränken können.

Jedoch gilt auch hier, dass man nicht das hohe Risiko eingehen muss, das manche Fonds mit sich bringen, sondern in die sicheren Produkte investieren kann, die oben genannt sind.

Wenn man ohnehin auf lange Zeit am Vermögensaufbau interessiert ist, fährt man damit auch nicht schlechter, nur langsamer, also sicherer.

Die geringeren Risiken werfen weniger Rendite ab, weniger heißt jedoch nicht „gar nichts". Es gibt nicht nur schwarz und weiß. Das sollte man sich immer vor Augen führen.

Anlagen und Katastrophen

O b Naturereignisse oder Pandemien – nicht nur das Alltagsleben wird von diesen Einflüssen ziemlich betroffen, sondern auch der Finanzmarkt.

Die Menschen sind grade, wenn die Wirtschaft schwankt, verunsichert, da man um seinen Arbeitsplatz bangt oder sich Sorgen um weitere Auswirkungen macht. Dementsprechend investieren sie weniger oder verkaufen ihre Wertpapiere.

Diese Reaktion zeichnet sich meistens dann auch im Deutschen Aktien Index (DAX) ab.

Doch auch in solchen Zeiten gibt es sichere Häfen: Die oben erwähnten Immobilien eignen sich auch in diesen Zeiten noch für Investments, da sie besonders kurs- und konjunkturunabhängig sind. Es gilt, immer auf die aktuellen Zinssätze zu achten. Aber auch sonst kann man immer auf die klassischen Anlageprodukte setzen, wie sie oben beschrieben sind.

Außerdem kann es grade in unsicheren Zeiten sehr beruhigend sein, zu wissen, wie man sein Vermögen auch dann noch sichern kann.

Man sollte also auch hier nicht vor Katastrophen kapitulieren, sondern einen kühlen Kopf bewahren und der Situation angepasst handeln.

Es ist nicht schwarz und weiß. Man hat immer Möglichkeiten, zu reagieren.

Nach alldem wird man merken: Anlagen und langfristiger Vermögensaufbau, das ist kein Hexenwerk.

Herstellung und Verlag:
BoD – Books on Demand, Norderstedt
ISBN: 9783751957564

© Dieter Borsig 2020
1. Auflage
Kontakt: Psiana eCom UG/ Berumer Str. 44/ 26844 Jemgum
Covergestaltung: Fenna Larsson
Coverfoto: depositphotos.com